# O ministério do cerimoniário e do acólito na celebração eucarística

EDSON ADOLFO DERETTI

# O ministério do cerimoniário e do acólito na celebração eucarística

Paulinas

Dados Internacionais de Catalogação na Publicação (CIP)
(Câmara Brasileira do Livro, SP, Brasil)

Deretti, Edson Adolfo
 O ministério do cerimoniário e do acólico na celebração eucarística / Edson Adolfo Deretti. -- São Paulo : Paulinas, 2016. -- (Coleção semear)

 ISBN 978-85-356-4118-9

 1. Acólitos 2. Eucaristia 3. Liturgia 4. Vida cristã I. Título. II. Série.

16-01221 CDD-264.02

Índice para catálogo sistemático:
 1. Acólitos : Liturgia : Igreja Católica    264.02

Direção-geral: Bernadete Boff
Editores responsáveis: Vera Ivanise Bombonatto e Antonio Francisco Lelo
Coordenação de revisão: Marina Mendonça
Revisão: Ana Cecilia Mari
Gerente de produção: Felício Calegaro Neto
Projeto gráfico: Jéssica Diniz Souza
Imagens: Wanderson Cardoso Alves – Local: Catedral de São Miguel Paulista, São Paulo, SP

1ª edição – 2016
5ª reimpressão – 2024

Nenhuma parte desta obra poderá ser reproduzida ou transmitida por qualquer forma e/ou quaisquer meios (eletrônico ou mecânico, incluindo fotocópia e gravação) ou arquivada em qualquer sistema ou banco de dados sem permissão escrita da Editora. Direitos reservados.

Cadastre-se e receba nossas informações
paulinas.com.br
Telemarketing e SAC: 0800-7010081

Paulinas
Rua Dona Inácia Uchoa, 62
04110-020 – São Paulo – SP (Brasil)
📞 (11) 2125-3500
✉ editora@paulinas.com.br
© Pia Sociedade Filhas de São Paulo – São Paulo, 2016

# SUMÁRIO

Palavras iniciais..................................................................7

## Parte I
## Fundamentação Litúrgico-Ministerial

O ministério: dom a serviço da comunidade..................... 11

O cerimoniário.................................................................13

O acólito..........................................................................16

A celebração eucarística: memorial da Páscoa.................. 18

## Parte II
## Liturgia prática

Os vários ministérios do acólito........................................25

A missa estacional do bispo diocesano..............................34

A missa dominical presidida pelo presbítero.................... 41

Palavras finais.................................................................47

# PALAVRAS INICIAIS

A partir do Concílio Vaticano II, as celebrações litúrgicas em nossas comunidades passaram a ser participativas. Os investimentos na formação litúrgica e no incentivo aos vários ministérios litúrgicos foram grandiosos e promissores. Um desses investimentos foi a grande abertura a tantos adolescentes, jovens e adultos, a fim de poderem servir, como cerimoniários e acólitos, na celebração eucarística.

Este subsídio foi preparado para estes ministérios, cada vez mais presentes em nossas comunidades. Aqui não se encontrarão conteúdos doutrinais desenvolvidos. Com simplicidade, as páginas que seguem trazem o essencial para um cerimoniário ou um acólito executar bem seu ministério. Contudo, é preciso afirmar que é necessário ir além de uma boa execução: todos devem celebrar a divina liturgia, como nos recorda o Concílio. Daí a importância de o cerimoniário e do acólito unirem ao serviço executado a participação ativa na celebração litúrgica.

PARTE I

# Fundamentação litúrgico-ministerial

# O MINISTÉRIO
## Dom a serviço da comunidade

A palavra latina *ministerium* significa "serviço" e *minister*, "servidor". O ministro é um servidor da comunidade, um vocacionado à santidade que, com alegria, disponibilidade e gratuidade, coloca-se à disposição da comunidade, para servi-la a partir dos seus dons e carismas.

Desta forma, assumir um ministério significa querer, em primeiro lugar, o bem da comunidade eclesial.

Se observarmos a Palavra de Deus, veremos que desde o princípio Jesus deseja uma Igreja ministerial. Aliás, ele mesmo se apresenta como um ministro, como um diácono que veio para servir e não para ser servido. Ao chamar os primeiros discípulos, Jesus os elegeu ministros da Boa-Nova do Reino de Deus. E estes, por sua vez, fizeram o mesmo ao fundarem as primeiras comunidades cristãs. Assim, na história do Cristianismo, ministério e comunidade são duas realidades que caminharam sempre juntas, pois, onde existe um ministro, existe uma comunidade, e onde existe uma comunidade, lá existe, ao menos, um ministro.

Os ministérios, por sua vez, podem ser:

1) *Ordenados*: o bispo, o presbítero e o diácono. Depois de um longo tempo de preparação, durante uma celebração litúrgica, acontece o rito de ordenação. Quem assume este ministério, assume-o porque se sente chamado por Deus e o assume por toda a vida.

2) *Instituídos*: o leitor, o acólito. A instituição também acontece durante um rito litúrgico. Estes ministérios podem ser próprios dos leigos e, também, dos seminaristas que se preparam para ser ordenados. Em ambos os casos, o bispo dá a autorização a fim que se celebre a instituição. É um ministério que deve ser assumido com estabilidade e que comporta verdadeira responsabilidade.

3) *Não instituídos*: nesta categoria encontram-se a maior parte das pessoas que exerce algum ministério em nossas comunidades. Participam das mais diversas pastorais e movimentos. Para alguns ministérios (ministro extraordinário da Eucaristia ou ministro da Palavra, por exemplo), requer-se uma autorização (provisão) que vem da sede diocesana. Para os demais, requer-se o desejo de servir em nome de Cristo, a acolhida da comunidade e o servir com alegria. Independente do ministério – ordenado, instituído ou não instituído –, a importância do ministro não está naquilo que faz, mas naquilo que é enquanto cristão batizado e no modo como exerce o seu ministério. Acima de tudo, o cristão batizado que se coloca à disposição da comunidade não pode esquecer que ele segue a Cristo, o ministro por excelência.

# O CERIMONIÁRIO

Sobre o cerimoniário, afirma a Instrução Geral do Missal Romano (IGMR): [1]

É conveniente, ao menos nas igrejas catedrais e outras igrejas maiores, que haja algum ministro competente ou mestre de cerimônias, a fim de que as ações sagradas sejam devidamente organizadas e exercidas com decoro, ordem e piedade pelos ministros sagrados e os fiéis leigos (IGMR 106).

Por sua vez, é o Cerimonial dos Bispos (CB) quem melhor descreve a sua missão:

34. Para que uma celebração, mormente quando presidida pelo bispo, brilhe pelo decoro, simplicidade e ordem, é preciso um mestre de cerimônias que a prepare e dirija, em íntima colaboração com o bispo e demais pessoas que têm por ofício coordenar as diferentes partes da mesma celebração, sobretudo no aspecto pastoral.

O mestre de cerimônias deve ser perfeito conhecedor da sagrada liturgia, sua história e natureza, suas leis e preceitos. Mas deve ao mesmo tempo ser versado em matéria pastoral, para saber como devem ser organizadas as celebrações, quer no sentido de fomentar a participação frutuosa do povo, quer no de promover o decoro das mesmas.

Procure que se observem as leis das celebrações sagradas, de acordo com o seu verdadeiro espírito, bem como as legítimas tradições da Igreja particular que forem de utilidade pastoral.

35. Deve, em tempo oportuno, combinar com os cantores, assistentes, ministros celebrantes, tudo o que cada um tem a fazer e a

---

[1] *Instrução Geral do Missal Romano e Introdução ao Lecionário – texto oficial.* 2. ed. Brasília, Editora da CNBB, 2009.

dizer. Porém, dentro da própria celebração, deve agir com suma discrição, não fale sem necessidade; não ocupe o lugar dos diáconos ou dos assistentes, pondo-se ao lado do celebrante; tudo, numa palavra, execute com piedade, paciência e diligência.

36. O mestre de cerimônias apresenta-se revestido de alva ou veste talar e sobrepeliz. No caso de estar investido na ordem de diácono, pode, dentro da celebração, vestir a dalmática e as restantes vestes próprias da sua ordem.

Conclui-se que este ministério é muito importante para o bom andamento de uma celebração, uma vez que é o cerimoniário, junto ao presidente da celebração e aos outros ministros, que a prepara e a coordena. Isto quer dizer que ele é a pessoa responsável por:

1) preparar a celebração;

2) dirigir os diversos momentos da celebração;

3) coordenar os ministérios;

4) colaborar a fim que o ritmo da ação ritual permita a participação ativa da comunidade.

Para tanto, não basta ao cerimoniário conhecer tecnicamente o seu ministério. Com discrição, piedade e fé profunda, antes de mais nada, pede-se de um bom cerimoniário atitude orante e celebrativa, ao mesmo tempo que executa o seu ministério.

Durante as suas funções, o cerimoniário se movimenta livremente, de acordo com as necessidades, procurando sempre manter muita discrição para não se tornar o centro das atenções. Quando alguém precisar executar alguma ação ritual importante, deve acompanhá-lo. E, caso necessite se comunicar com qualquer pessoa durante a celebração, pode se aproximar e falar com ela em voz baixa.

Quanto a sua veste: túnica com cíngulo ou batina preta com sobrepeliz. Jamais, contudo, batina violácea (esta é de uso exclusivo do mestre de cerimônias, do papa, de alguns cerimoniários pontifícios, dos monsenhores prelados de honra do papa e dos protonotários apostólicos). Além do mais, somente o papa é duplamente assistido: pelo mestre de cerimônias e por um cerimoniário. Todos os demais ministros ordenados são apenas assistidos ou por um mestre de cerimônias ou por um cerimoniário.

## OUTRAS RECOMENDAÇÕES GERAIS

1. O presidente da celebração é sempre saudado com uma vênia (leve inclinar da cabeça):
   a) quando se passa a sua frente;
   b) antes e após qualquer ação litúrgica;
   c) quando a ele se pede a bênção.

   Mas existem ainda outras situações nas quais se faz a inclinação:
   a) ao rezar o *Glória ao Pai* e o *Oremos*;
   b) ao nome de Jesus;
   c) ao professar, no Credo o *Incarnatus*: *Que foi concebido pelo poder do Espírito Santo e nasceu da Virgem Maria*;
   d) ao nome de Maria, durante as orações eucarísticas.

   Algumas outras inclinações, por força da tradição litúrgica que precede o Concílio Vaticano II, ainda são realizadas em determinadas regiões: ao nome de um santo, ao nome do papa etc.

2. A direita precede a esquerda: segura-se um objeto litúrgico com a mão direita, mas, quando este precisa ser entregue a alguém (ou da mesma forma recebido), usa-se a mão esquerda.

# O ACÓLITO

A palavra "acólito" vem do grego *akoluthein* e significa acompanhar, seguir.

Já cedo, nos primeiros séculos do Cristianismo, testemunhos afirmam a existência do ministério do acólito em meio a tantos outros ministérios litúrgicos. O Papa Paulo VI, através da Carta apostólica, em forma de *motu proprio*, *Ministeria Quaedam*, de 15 de agosto de 1972, confirmou o acolitato e o leitorado como "ministérios instituídos". Os ritos para a instituição destes dois ministérios encontram-se no Pontifical Romano.

Segundo o Cerimonial dos Bispos (n. 28), é função do *acólito instituído* ajudar o diácono e ministrar o presbítero. Ou seja:

- cuidar do altar: ajudar o diácono e o presbítero nas ações litúrgicas;
- distribuir a sagrada comunhão;
- ensinar aqueles que exercem algum ministério nas ações litúrgicas.

Todavia, além do acólito instituído, nossas comunidades também contam com o auxílio de adolescentes e jovens, também chamados de *acólitos*. Eles são acólitos, mas sem serem instituídos neste ministério de maneira oficial. Foram preparados, receberam o envio, mas não o ministério instituído.

A Congregação para o Culto Divino, em março de 1994, oficializou que o serviço do altar é uma ação litúrgica que não precisa necessariamente da instituição ritual para poder ser executada. Desta forma, homens e mulheres, adolescentes e jovens, podem servir em suas comunidades através deste ministério.

À semelhança do acólito instituído, o acólito não instituído realiza os mesmos serviços, exceto a distribuição da comunhão.

Com relação a seu lugar no presbitério, convém que o acólito, rapaz ou moça, ocupe um lugar discreto e, a partir deste, exerça o seu ministério.

Os acólitos são, em última instância, "um pouco como a imagem representativa de uma comunidade cristã que é formada também por crianças e jovens. A sua presença e a sua ajuda na celebração, no espaço do presbitério, é uma boa imagem da comunidade e motivo de alegria para todos".

# A CELEBRAÇÃO EUCARÍSTICA
## Memorial da Páscoa

Um cristão, ao participar de uma liturgia judaica, percebe o quanto esta influenciou a liturgia cristã. Sem dúvida, os primeiros cristãos, ao fazerem memória da última ceia – a *fração do pão* – no "primeiro dia da semana", utilizaram-se de muitos elementos do rito judaico para celebrar o "novo culto". Houve, pois, em muitos elementos, a continuidade ritual. Dois elementos, em especial, devem-se destacar como importantíssimos tanto na liturgia judaica como na cristã: a centralidade da Palavra de Deus e a oração de bendição (*beraká*), isto é, a oração eucarística.

Na verdade, esses são os dois grandes centros da liturgia cristã: a Palavra e a oração eucarística. Tem-se, assim, no culto cristão, desde os seus inícios, a "mesa da Palavra" e a "mesa da Eucaristia", de onde quem preside bendiz ao Pai pelos dons apresentados que, pela ação do Espírito Santo, transformam-se no Corpo e no Sangue de Cristo.

O próprio livro dos Atos dos Apóstolos (2,42-47) é enfático ao dizer que os cristãos eram assíduos na doutrina dos apóstolos, na vida em comunhão, na prática da solidariedade, na vida de oração e, em especial, na participação da *fração do pão*. Isso tudo era o alimento espiritual dos primeiros cristãos. Fortificavam-se na doutrina, na vida comum, na caridade e na liturgia. E a liturgia era o centro da espiritualidade e vivência cristã dos primeiros cristãos. Era assim porque

Jesus havia dito que aquilo que acontecera na última ceia deveria tornar-se um *memorial*.

Para os judeus, todos os anos, na festa da Páscoa, fazia-se *memória* da grande libertação: o povo que era escravo no Egito tornara-se liberto pela ação de Deus; esse evento salvífico deveria ser, todos os anos, celebrado ritualmente. Assim, a Páscoa judaica era o *memorial* de tal acontecimento, que não podia ficar no passado; deveria ser sempre atual.

Afirmou um rabino que, quando se faz *memória*, no rito celebrativo, celebra-se com um "pé teológico" e um "pé histórico". Isto é, com um pé, vai-se ao evento que aconteceu no passado e este é vivido como se se estivesse lá; com o outro pé, fica-se no presente. Assim também, quando um cristão faz *memória* da Páscoa de Cristo na missa, é como se ele estivesse na última ceia – com o "pé teológico" –, mas também enraizado no seu contexto – com o "pé histórico". Em consequência, a missa, que é a memória da Páscoa de Cristo, é vivida como se cada celebrante estivesse com Jesus na última ceia – e aí ele fala não somente aos discípulos daquele tempo, mas também aos de hoje – e, ao mesmo tempo, no seu tempo presente.

Daí o porquê de o rito litúrgico – tanto o judaico quanto o cristão –, por ser *memória*, poder ser atualizado. *Fazer memória* significa atualizar, tornar presente o evento salvífico passado. Sendo assim, para os cristãos, a missa sempre será uma atualização do grande evento salvífico da paixão, morte e ressurreição do Senhor, pois tudo isso está como que "incluído" na última ceia. Lá, Jesus antecipa sua grande entrega na cruz e já anuncia sua ressurreição.

Toda celebração eucarística, pois não mais chamada de *fração do pão*, é memorial da entrega do Corpo e do Sangue de Cristo. Este memorial (do sacrifício de Cristo, da sua entrega, da sua doação por nós, mas também de ação de graças), embora seja um único culto, é constituído de duas mesas, dois centros: a mesa da Palavra e a mesa da Eucaristia. Em torno dessas duas mesas, celebra-se ritualmente.

## EM TORNO DA MESA DA PALAVRA

Dos ritos iniciais (canto de abertura, sinal da cruz e saudação, ato penitencial, *Kyrie*, Glória e coleta) até a liturgia da Palavra (primeira leitura, salmo, segunda leitura, aclamação, Evangelho, homilia, Credo e oração dos fiéis), os olhos de todos os fiéis celebrantes dirigem-se à mesa da Palavra (ao ambão). Por isso, quem preside, da cátedra ou da cadeira, deve estar voltado, espiritualmente, para a mesa da Palavra. Durante as leituras, o corpo celebrativo vira-se para o ambão, e os olhos se fixam naqueles que exercem o ministério da proclamação da Palavra.

## EM TORNO DA MESA EUCARÍSTICA

Existe uma grande unidade entre a mesa da Palavra e a mesa eucarística. Por isso mesmo, desde o princípio da missa, o Evangeliário fica sobre o altar. Existe entre as duas mesas uma aliança perpétua.

O altar é o centro do espaço celebrativo, o móvel mais belo – deveria! – de todo o mobiliário sagrado. A partir da apresentação das oferendas, o rito acontece nele e a partir dele. Da apresentação dos dons até a comunhão, os olhos ficam fixados no altar, porque ele é um grande mestre. Por isso mesmo, durante todo o primeiro milênio da era cristã, toda a vida eclesial acontecia a partir do altar. Era ele o grande mestre. A partir dele, a vida cristã crescia e se solidificava.

Aproximar-se do altar é aproximar-se do Cristo. E é do altar que o ministro ordenado – também o leigo, por ocasião de uma celebração da Palavra com distribuição da Eucaristia – bendiz a Deus Pai o dom do seu Filho, pelo Espírito Santo. A grande oração de bendição – a oração eucarística –, herança da liturgia judaica, é rezada do altar. De braços abertos, o ministro ordenado, em nome da comunidade, bendiz o Pai pelo evento salvífico do Cristo, que continua a ser eficaz no tempo presente, pela ação do Espírito Santo.

## UM ÚNICO ATO DE CULTO

Duas mesas, dois centros, mas uma única celebração, um único ato de culto. Por isso, não se pode dizer que o que acontece na primeira mesa é mais importante do que aquilo que acontece na segunda. De forma alguma! Existe a unidade, e, por isso, o rito, num todo, deve ser vivido com intensidade, atualidade. O Cristo presente na Palavra é o mesmo que se faz presente no Pão e no Vinho. Quem comunga do Cristo-Palavra, comunga do Cristo-Eucaristia!

Não se privilegie nem uma nem outra mesa, mas as duas!

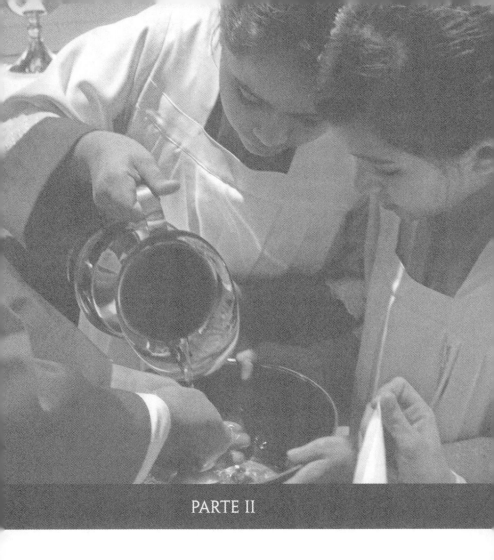

PARTE II

# Liturgia prática

# OS VÁRIOS MINISTÉRIOS DO ACÓLITO

## ACÓLITO DO TURÍBULO E ACÓLITO DA NAVETA
(turiferário e naveteiro – ou naveculário)

Do latim *tus* (incenso) + *ferre* (levar), significa "aquele que leva o incenso". O turiferário é o acólito que porta o turíbulo durante a celebração. Já o naveteiro, sempre do lado direito do turiferário, é aquele que porta a naveta com o incenso.

### Informações gerais[1]

a) Modo de levar o turíbulo:
- geralmente se leva o turíbulo com a mão direita. Caso o turiferário seja o mesmo acólito a levar a naveta, esta deve ser transportada com a mão esquerda. Todavia, havendo um naveteiro, sugere-se que a mão esquerda do turiferário seja mantida junto ao corpo, na região do coração;
- coloca-se o dedo polegar no anel da cápsula e o dedo mínimo (ou ainda o dedo anular) na argola do opérculo;
- enquanto o turíbulo é transportado, deve ser agitado moderadamente a fim de manter as brasas acesas.

---

[1] Cf. TRIMELONI, Ludovico. *Compendio di liturgia pratica*. 3. ed. Genova-Milano, Casa Editrice Marietti S. p. A., 2007. p. 360-364.

b) Imposição do incenso:
- imposição solene: realizada pelo presidente da celebração, que abençoa o incenso após tê-lo colocado no turíbulo. Inicialmente, o turiferário, de frente a quem preside, após a inclinação da cabeça, abre o turíbulo através do movimento dos dedos que prendem a cápsula e a argola e, com a mão direita, segura a extremidade superior do turíbulo; com a esquerda, conserva o turíbulo acessível à imposição do incenso. Terminada esta e após a bênção do incenso, com a mão esquerda debaixo da cápsula, usa a direita para deixar cair a corrente do opérculo até a boca do turíbulo;
- imposição privada: realizada pelo cerimoniário ou por outro acólito, quando o presidente da celebração estiver impossibilitado de deitar o incenso, como na incensação do Corpo e do Sangue de Cristo, durante o memorial da Instituição da Eucaristia.

c) Modo de entregar o turíbulo:
- a quem faz a incensação: com a mão esquerda, segura-se a extremidade superior das correntes do turíbulo e, com a direita, a extremidade inferior;
- quem o entrega ao presidente da celebração: deve ser entregue de modo a sustentar perpendicularmente a extremidade superior com a mão direita.

d) Modo de incensar:[2]
- a extremidade superior do turíbulo é segurada com os dedos polegar e mínimo da mão esquerda; aproxima-

---
[2] Cf. IGMR 277.

-se esta mão à altura do peito. Com a outra mão, segura-se a extremidade inferior, de modo que se possa facilmente fazer a incensação, balançando a extremidade inferior em direção ao objeto e à pessoa a ser incensada e, depois, reconduzindo-a à posição original. Este movimento é chamado ictus. Os *ictus* podem ser sucessivos (como na incensação do altar) ou interrompidos por uma pausa, durante a qual se segura o turíbulo próximo ao peito. Esta incensação, seguida de uma pausa, é chamada de *ducto* (um movimento de dois *ictus*).

- antes e depois da incensação, faz-se uma inclinação profunda à pessoa e ao objeto incensado, exceto ao altar e às oblatas (o pão e o vinho da missa);
- Com três ductos incensam-se:
    1. O Santíssimo Sacramento.
    2. As relíquias da santa cruz e as imagens do Senhor expostas à veneração.
    3. As oblatas da missa.
    4. A cruz do altar.
    5. O Evangeliário.
    6. O círio pascal.
    7. O presidente da celebração.
    8. A assembleia litúrgica.
- Com dois ductos incensam-se as relíquias e imagens dos santos expostas à veneração (uma única vez na missa, após a incensação do altar);
- O altar é incensado com ictus:

1. Estando separado da parede, quem preside a celebração o incensa completamente.
2. Estando fixo à parede, incensa-se primeiro o lado direito e, depois, o esquerdo.
3. Estando a cruz sobre ou junto ao altar, é incensada assim que se passa a sua frente.

## DURANTE UMA CELEBRAÇÃO EUCARÍSTICA

**Na procissão de entrada**

O presidente da celebração coloca o incenso minutos antes do início da procissão de entrada. Deve-se prestar atenção para que o carvão esteja bem aceso. Depois disso, junto com o naveteiro, o turiferário coloca-se à frente da procissão de entrada. Deve ter o cuidado de não andar muito rápido durante a procissão. Ao chegar ao presbitério, não faz nem genuflexão nem reverência, apenas uma leve inclinação de cabeça. No presbitério, ao lado do naveteiro, espera do lado direito do altar a chegada do presidente da celebração. Assim que o presidente beijar o altar, turiferário e naveteiro se aproximam, e este novamente coloca o incenso. A pessoa que está manejando o turíbulo deve saber não só "levantar e abaixar" a sua "tampa", como também entregá-lo ao presidente da celebração.

Não havendo cerimoniário nem diácono, o próprio turiferário acompanha o presidente da celebração na incensação. Para evitar maiores problemas, antes do início da celebração, deve-se confirmar se há cerimoniário ou diácono. Caso não tenha, combinar com o presidente o que o acólito deverá fazer neste momento, pois alguns preferem que o acompanhante segure parte da "manga" da casula (caso esta seja usada) durante a incensação.

Para que tudo saia certo, quanto mais ensaios, melhor!

Terminada a incensação do altar, o presidente devolve o turíbulo ao turiferário e este, com o naveteiro, retorna à sacristia ou a outro lugar preestabelecido.

## A incensação da Palavra

Depois da proclamação da segunda leitura, turiferário e naveteiro vão para perto do presidente da celebração. Havendo diácono para a proclamação do Evangelho, antes de este pedir a bênção, ambos se aproximam para o incenso ser deitado no turíbulo por quem preside a celebração. Devem ajoelhar-se, caso quem presida deite o incenso sentado da cadeira. Havendo diácono, acompanham-no ao ambão. Se não houver, eles caminham à frente de quem proclamará o Evangelho. Durante a proclamação, permanecem ao lado do ambão, mas sem "balançar" o turíbulo. Terminada a proclamação, retornam a seu posto.

## A incensação dos dons

Durante a apresentação dos dons, turiferário e naveteiro devem estar próximos do altar, pois, assim que o presidente termina a apresentação do vinho, os dons são incensados (antes do lavabo). Não havendo nem cerimoniário nem diácono, o acólito acompanha o presidente na incensação e, depois, o incensa (com três ductos: começando pelo centro, depois a sua esquerda e, por fim, a sua direita). Se houver mais diáconos e presbíteros, deve incensá-los em seguida. Por fim, à frente da assembleia, incensa esta e depois retorna a seu posto. Antes e depois da incensação, sempre fazer uma inclinação com a cabeça.

**A incensação do Corpo e do Sangue de Cristo**

Durante a narrativa do memorial, na elevação do pão, este é incensado com três ductos, o mesmo acontecendo durante a elevação do cálice. Ajoelhados, os acólitos fazem esta incensação.

## ACÓLITO DA CRUZ OU CRUCIFERÁRIO

É aquele que carrega a cruz processional.

**Na procissão de entrada**

O cruciferário, ladeado pelos ceroferários, porta a cruz processional atrás do turiferário e naveteiro. Ao chegar ao presbitério, não faz nem genuflexão nem reverência, apenas um leve inclinar de cabeça. Se já há cruz no presbitério, após o beijo do altar pelo presidente da celebração, a cruz processional é levada para fora do presbitério – em lugar já preestabelecido. Se não houver cruz no presbitério, esta é colocada ao lado do altar. Então, o cruciferário e os ceroferários seguem para seus postos.

**Após a bênção final**

Após a bênção final, seguindo a sequência da procissão de entrada, a procissão segue em direção à sacristia.

## ACÓLITO DA VELA OU CEROFERÁRIO

Acólito que carrega a vela com o seu respectivo castiçal. São necessários dois ceroferários numa celebração presidida por um presbítero (caso seja o bispo a presidir, são necessários sete ceroferários – se não for possível, então ao menos dois), de preferência, com a mesma estatura.

## Na procissão de entrada

Ao lado ou um pouco atrás da cruz processional, devem estar os dois (ou sete) ceroferários com as velas acesas. Os ceroferários acompanham o cruciferário na procissão. As velas, depois de usadas, são colocadas numa credência.

## Na liturgia da Palavra

Durante o canto de aclamação do Evangelho, dois ceroferários colocam-se entre o altar e esperam o diácono (ou outro presbítero ou o próprio presidente da celebração) pegar o Evangeliário. Na sequência, caminham em direção ao ambão e, então, se posicionam entre este. Após a proclamação do Evangelho, o turiferário e o naveteiro retornam a seus postos. Mesmo não havendo procissão com o Evangeliário, os ceroferários se colocam um em cada lado do altar e esperam quem vai proclamar ir em direção ao ambão. Um deve seguir a sua frente e o outro atrás.

## Na liturgia eucarística

Acompanham o turiferário e o naveteiro na incensação do Corpo e do Sangue de Cristo. Sugere-se a seguinte sequência à procissão: ceroferário, turiferário, naveteiro e ceroferário. Para retornarem, a mesma ordem.

## Após a bênção final

Com a mesma disposição da procissão de entrada, seguem em direção à sacristia.

## ACÓLITO DO LIVRO OU LIBRÍFERO

Acólito responsável por conduzir e apresentar o livro com o ritual da celebração sempre que o presidente necessitar. Se o presidente estiver em pé, o librífero também fica em pé; se o presidente estiver sentado, o librífero se ajoelha à sua frente. Sempre que se aproximar do presidente com o livro, é interessante, discretamente, apontar com um dedo o lugar onde está o texto do ritual que deverá ser rezado. Terminado o serviço, fecha o livro e se retira.

Geralmente, posiciona-se à esquerda de quem preside a celebração litúrgica.

## ACÓLITO DO BÁCULO OU BACULÍFERO

Acólito responsável por sustentar o báculo do bispo.

Quando estiver parado, deve sustentar o báculo apoiado ao chão; quando caminhar, deve sustentá-lo sem tocar o chão (um pouco elevado em relação ao nível do chão). Sempre com a parte curva voltada para a frente.

- Antes de o bispo fazer a inclinação ao altar, no início da celebração, entrega o báculo ao cerimoniário e este, por sua vez, o passa para o baculífero.
- Após o diácono (na ausência deste, pelo presbítero) anunciar a proclamação do Evangelho, e o bispo ter feito a persignação (sinal da cruz), o bispo recebe o báculo.
- Terminada a homilia, o báculo retorna ao baculífero, que o segurará até os ritos finais.
- O bispo recebe o báculo somente antes de fazer o sinal da cruz, depois do amém das invocações (bênção solene).

# ACÓLITO DA MITRA OU MITRÍFERO

Acólito responsável por segurar a mitra durante as celebrações em que o bispo se faz presente. Em princípio, a mitra poderá ser colocada na credência ou permanecer com o acólito. Ao aproximar-se do cerimoniário ou do bispo para entregá-la, ele deverá segurar a mitra encostada ao peito, com ambas as mãos.

O mitrífero deve aproximar-se do cerimoniário sempre que este tiver de entregar a mitra ao bispo ou recebê-la. Na ausência do cerimoniário, ele mesmo aproxima-se do bispo e faz isso. Recebida ou entregue a mitra, retorna ao seu lugar no presbitério, exceto nas situações onde deva recebê-la ou entregá-la num curto espaço de tempo (por exemplo, no rito da ordenação presbiteral).

O bispo, na procissão de entrada, antes da inclinação profunda ao altar, depõe a mitra e esta é entregue ao mitrífero pelo cerimoniário. Não havendo, a mitra é entregue diretamente ao mitrífero:

- Após a oração da coleta, antes da proclamação da Palavra de Deus, o bispo recebe a mitra.
- Durante o canto de aclamação ao Evangelho, após a bênção ao diácono ou ao presbítero que proclamará o Evangelho, o bispo tira a mitra e volta a usá-la para a homilia.
- Antes da profissão de fé, tira-a novamente e fica somente com o solidéu até a apresentação dos dons.
- Só após a comunhão é que o bispo utiliza a mitra novamente. Ao iniciar a oração eucarística, o bispo fica também sem o solidéu.
- Após a comunhão, coloca a solidéu e, para a bênção final, a mitra.

# A MISSA ESTACIONAL[1] DO BISPO DIOCESANO[2]

Na missa estacional manifesta-se a unidade da Igreja local e a diversidade dos ministérios em torno do bispo e da sagrada Eucaristia. É por isso que se deve convocar o maior número possível de fiéis e de ministérios (presbíteros, diáconos, acólitos, leitores...) para dela participar.

Para esta missa, deve-se preparar:

a) dentro do presbitério, nos lugares respectivos:

- o Missal;
- o Lecionário;
- o texto da oração universal para o bispo e, também, para o diácono;
- o livro de cantos;
- as alfaias;[3]

---

[1] Do latim, *stare, statio* (estar de pé, deter-se). A origem da palavra "estação" parece que é romana, de uso militar: guarda, posto de guarda. No Cristianismo, já no século II, se dá este nome à reunião da comunidade, nos dias de jejum e de oração (quarta e sexta-feira). Mas aplicava-se, sobretudo, às convocatórias comunitárias de Roma, que, presididas pelo papa, se realizavam em determinadas igrejas, na Quaresma. Depois, veio a aplicar-se a toda reunião comunitária presidida pelo bispo, para celebrar a Eucaristia (cf. ALDAZÁBAL, José. *Vocabulário básico de liturgia*. São Paulo: Paulinas, 2013. p. 135).

[2] Este capítulo tenta ser uma simplificação daquilo que o cerimonial dos bispos sugere à missa estacional com o bispo (cf. *Cerimonial dos bispos – Cerimonial da Igreja*. 4.ed. São Paulo: Paulus, 2008. n. 47-48).

[3] Designação dada a todos os objetos e também às vestes utilizadas nas celebrações litúrgicas.

- recipiente com água para benzer, quando houver aspersão no momento penitencial.

b) em local conveniente:
- pão, vinho e água, bem como outros dons.

c) na sacristia:[4]
- o Evangeliário;
- o turíbulo e a naveta com incenso;
- a cruz processional;
- sete (ao menos dois) castiçais com velas acesas;
- para o bispo: bacia, jarro com água e toalha; amito, alva, cíngulo, cruz peitoral, estola, dalmática, casula (para o metropolita, o pálio), solidéu, mitra, anel e báculo;
- para os presbíteros concelebrantes: amitos, alvas, cíngulos, estolas e casulas;
- para os diáconos: amitos, alvas, cíngulos, estolas e dalmáticas;
- para os demais ministros: amitos, alvas e cíngulos; ou sobrepelizes a serem usadas sobre o hábito talar; ou outras vestes devidamente aprovadas.

## ANTES DA MISSA

Para se paramentar, o bispo deve ser auxiliado pelos diáconos assistentes ou outros ministros. Os demais diáconos e presbíteros concelebrantes vestem seus respectivos paramentos.

Às vésperas do início da celebração, estando tudo preparado, o acólito turiferário se aproxima; o acólito naveteiro

---

[4] Os paramentos deverão ser da cor da missa que se celebra ou de cor festiva.

entrega a naveta a um diácono que, por sua vez, a apresenta ao bispo, que já está com a mitra, e este deita o incenso no turíbulo, benzendo-o. Então, o bispo recebe o báculo. O Evangeliário, fechado, é levado por um dos diáconos, com reverência, na procissão de entrada.

## RITOS INICIAIS

A procissão[5] deve estar organizada da seguinte forma:
- turiferário com o turíbulo aceso;
- cruciferário com a cruz, com a imagem do crucificado voltada para a frente, no meio de sete (ou ao menos dois) acólitos com os castiçais de velas acesas (ceroferários);
- clérigos, dois a dois;
- o diácono com o Evangeliário;
- demais diáconos, dois a dois (se houver);
- presbíteros concelebrantes, dois a dois;
- o bispo, de mitra, levando o báculo pastoral na mão esquerda e abençoando com a direita;
- os dois diáconos assistentes, um pouco atrás do bispo;
- os ministros do livro, da mitra e do báculo.

Não havendo cruz no espaço sagrado da celebração, é a cruz processional que permanece junto ao altar; os castiçais

---

[5] Nas procissões, não existe um lugar definido para os *cerimoniários*. Todavia, eles devem se dividir ao longo dela para melhor auxiliar a movimentação de todos os ministros. Podem se colocar à frente do turiferário, guiando a procissão; um pouco atrás de quem preside, principalmente se for bispo, para cuidar das insígnias; podem ainda se colocar à frente dos concelebrantes, guiando-os até seus lugares.

são colocados junto do altar, na credência ou perto dela no presbitério; o Evangeliário, sobre o altar.

Ante o altar, todos, dois a dois, fazem a inclinação profunda;[6] os ministros ordenados concelebrantes se aproximam do altar e o beijam, indo então para os seus lugares. Já o bispo, antes da inclinação profunda, entrega o báculo e depõe a mitra, e, com os diáconos assistentes e os outros ministros que o acompanham, faz a inclinação profunda. Tendo subido ao altar e o beijado, incensa o altar e a cruz, acompanhado por dois diáconos (na ausência destes, pelo cerimoniário, ou também na sua ausência, pelo próprio turiferário). Incensado o altar, o bispo dirige-se à cátedra, onde ficam também, de um lado e de outro, os dois diáconos assistentes; na falta deles, dois presbíteros concelebrantes.

Segue a missa: sinal da cruz, a saudação e o ato penitencial – que nos domingos pode ser substituído pela bênção e aspersão da água. Concluída esta e terminado o canto que acompanha a aspersão, o bispo, de pé, com as mãos estendidas, diz a oração conclusiva e, conforme o tempo litúrgico, canta-se ou recita-se o Glória.

Para a oração da coleta, de mãos unidas, o bispo faz o convite à oração; após breve silêncio, de mãos estendidas, reza-a e, ao concluí-la, junta as mãos, dizendo: *Por nosso Senhor Jesus Cristo...* Ao sentar-se, recebe a mitra. Todos os demais devem também se sentar.

## Liturgia da Palavra

Proclamada a primeira leitura, cantado ou recitado o salmo, proclamada a segunda leitura, segue-se, conforme

---

[6] Caso se esteja com algum objeto litúrgico à mão, esta inclinação profunda não é feita.

o tempo litúrgico, o Aleluia ou outra aclamação (tempo da Quaresma). Com exceção do bispo, todos se levantam. O turiferário e o naveteiro aproximam-se; o diácono apresenta a naveta ao bispo, que deita o incenso e o benze, sem nada dizer. O diácono – na sua ausência, um presbítero – que irá proclamar o Evangelho, inclina-se profundamente perante o bispo, pede a bênção em voz baixa e se benze. O bispo depõe a mitra e se levanta.

Com o diácono estão o turiferário, o naveteiro e os ceroferários, com as velas acesas. O diácono se inclina ao altar, toma com reverência o Evangeliário e, sem inclinação ao altar, leva solenemente o livro ao ambão. Ali, com as mãos juntas, saúda o povo e, às palavras "proclamação do Evangelho", faz sobre o livro e, depois, sobre si o sinal da cruz. O bispo, ao fazer o sinal da cruz, recebe o báculo. Incensado o Evangeliário e proclamado o Evangelho, o diácono o leva até o bispo,[7] para ser beijado. O bispo pode abençoar o povo com o livro. O Evangeliário é depois levado para a credência ou para um lugar conveniente.

Segue a homilia. O bispo, de mitra e báculo, profere a homilia. Para a profissão de fé, ele depõe a mitra e entrega o báculo. Ao terminar o momento da Palavra, da cátedra, o bispo, com as mãos juntas, convida à oração universal. Com as mãos estendidas, diz a oração conclusiva.

### Liturgia eucarística

Com a mitra, o bispo se senta. Também se sentam todos os demais celebrantes, com exceção daqueles que servirão o altar.

---

[7] Assim como levou o Evangeliário fechado ao ambão, da mesma maneira o leva até o bispo.

Sem a mitra, o bispo faz a apresentação dos dons. Antes do rito do *lavabo*,[8] o turiferário se aproxima, e o naveteiro entrega ao diácono a naveta. O bispo deita o incenso, benze-o, recebe o turíbulo das mãos do diácono e incensa as oblatas, o altar e a cruz, como no início da missa, acompanhado do diácono. Para a incensação do bispo, todos se levantam; na sequência, são incensados os concelebrantes e, por fim, os celebrantes. Enquanto isso, o bispo lava e enxuga as mãos – lavabo. (Se necessário e conveniente, um dos diáconos tira o anel do bispo para esse rito e, depois, o devolve.) Para a admoestação "Orai, irmãos", a incensação já deve ter terminado.

Após a oração sobre as oferendas, o diácono tira o solidéu,[9] entregando-o ao ministro. Aproximam-se do altar os concelebrantes, rodeando o altar, sem impedir, contudo, o desenrolar dos ritos e a participação plena dos fiéis na ação sagrada. Já os diáconos ficam atrás dos concelebrantes, para, com facilidade, ministrarem o cálice ou o Missal. Ninguém se coloque entre o bispo e os concelebrantes, nem entre os concelebrantes e o altar.

Para a narrativa do memorial (consagração), um dos diáconos deita incenso no turíbulo e incensa a hóstia e o cálice a cada elevação.

---

[8] O seu nome vem-lhe da primeira palavra latina do versículo do Salmo 25 que quem presidia a Eucaristia, antigamente, recitava: *"Lavabo inter innocentes manus meas"* [Lavarei as minhas mãos entre os inocentes]. Não é um gesto prático, necessário pelo fato de se ter as mãos sujas, mas, desde os primeiros testemunhos da sua introdução na missa, aparece com um sentido simbólico. O Missal explica por que se manteve este gesto: "O presbítero lava as mãos, ao lado do altar: com este rito se exprime o desejo de purificação interior" (IGMR 76) (cf. ALDAZÁBAL, José. *Vocabulário básico de liturgia*..., p. 198).

[9] Das palavras latinas *soli Deo* [só a Deus]. Começou a generalizar-se o seu uso no século XIV. A princípio, cobria toda a cabeça. Na época barroca foi reduzido à sua atual forma redonda e pequena (cf. ibid., 362).

À doxologia – proferida sozinha pelo bispo ou pelo bispo e os concelebrantes – final da oração eucarística, o diácono, ao lado do bispo, eleva o cálice; o bispo eleva a patena com a hóstia, até que todos tenham dito o "amém". Com as mãos unidas, o bispo convida à oração do Pai-Nosso. Após a oração *Senhor Jesus Cristo* e o anúncio da paz, se for conveniente, um dos diáconos pode convidar à paz. Havendo esta, o bispo dá a paz, ao menos, aos dois concelebrantes que estão a seu lado e ao primeiro dos diáconos. O mesmo fazem os demais.

Seguem os ritos que antecedem a comunhão e a comunhão propriamente dita. O bispo, ao regressar à cátedra, após a comunhão, retoma o solidéu. Após o silêncio, convida à oração pós-comunhão, proferida com as mãos estendidas.

## Ritos finais

Se houver avisos, devem ser breves e ditos antes da bênção final, após a oração pós-comunhão. Por fim, o bispo recebe a mitra e, estendendo a mão, saúda o povo: *O Senhor esteja convosco*. O diácono pode convidar os celebrantes a inclinarem-se para a bênção. Se usar a fórmula da bênção solene, o bispo recebe o báculo somente antes de fazer o sinal da cruz, depois do *amém* final das invocações.

Dada a bênção, um dos diáconos despede o povo e o bispo beija o altar. Os celebrantes, sendo poucos, também o beijam; sendo muitos, saúdam o altar e voltam processionalmente à sacristia, na mesma ordem que vieram. Lá, fazem a inclinação à cruz, saúdam o bispo e depõem, cuidadosamente, as vestes nos seus lugares. Sugere o Cerimonial, ainda, que se guarde o silêncio, em atitude de recolhimento e de respeito para com a santidade da casa de Deus.

# A MISSA DOMINICAL PRESIDIDA PELO PRESBÍTERO[1]

Os preparativos para a missa presidida pelo presbítero assemelham-se aos da missa estacional com o bispo.

## MISSA SEM DIÁCONO

**Ritos iniciais**

A procissão de entrada dirige-se ao altar na seguinte ordem:

- o turiferário com o turíbulo aceso, com o naveteiro, quando se usa o incenso;
- os ceroferários com velas acesas e, entre eles, o cruciferário;
- os acólitos e outros ministros;
- o leitor, que pode conduzir o Evangeliário (não o Lecionário) um pouco elevado;
- o presbítero que preside a liturgia.

Ao altar, todos fazem uma inclinação profunda (com exceção daqueles que têm à mão algum objeto litúrgico). A cruz permanece no presbitério, caso não haja ali uma outra; se houver, ela é guardada em lugar adequado. Os castiçais são colocados sobre o altar ou junto dele; o Evangeliário fica sobre o altar.

---

[1] Cf. IGMR, 76-91.

Após ter beijado o altar, o presbítero o incensa, contornando-o, assim como incensa a cruz. E da cadeira preside a liturgia.

**Liturgia da Palavra**

Proclamadas as leituras e cantado o salmo, enquanto se canta a aclamação ao Evangelho, caso seja usado o incenso, o presbítero coloca-o no turíbulo e o abençoa. De mãos unidas, inclina-se diante do altar, reza em silêncio: *Ó Deus Todo-Poderoso, purificai-me* e, estando o Evangeliário aí, precedido dos acólitos que levam o turíbulo e os castiçais, porta o Evangeliário até o ambão, de onde faz a proclamação do Evangelho. Após a aclamação *Glória a vós, Senhor*, por parte dos celebrantes, o presbítero incensa o livro e proclama. Ao final, beija o livro e daí mesmo, ou de pé, junto à cadeira ou ainda em outro lugar apropriado, profere a homilia, que é seguida de silêncio, da profissão de fé e das preces, concluídas pelo presbítero, com as mãos estendidas.

## LITURGIA EUCARÍSTICA

Tendo apresentado as oblatas, caso seja usado o incenso, antes do lavabo, o presbítero o coloca no turíbulo, abençoa-o sem nada dizer e incensa as oferendas, a cruz e o altar. O acólito, de pé, incensa depois o presbítero e todos os fiéis celebrantes.

Durante a oração eucarística, especificamente na narrativa do memorial, no momento em que o presbítero mostrar a hóstia e o cálice, estes são incensados pelo turiferário, acompanhado do naveteiro e dos ceroferários, que se colocam, de joelhos, ante o altar.

E a liturgia prossegue, como de costume.

**Ritos finais**

Após a oração pós-comunhão, os avisos são dados, bem como a bênção final, solene ou simples. O presbítero beija o altar; faz também, assim como todos os ministros, a inclinação profunda e a procissão rumo à sacristia, conforme a procissão de entrada.

## MISSA COM DIÁCONO

Quando presente à liturgia, o diácono, com as vestes sagradas, será responsável por:
- assistir o presbítero e caminhar ao seu lado;
- ao altar, encarregar-se do cálice e do livro;
- proclamar o Evangelho e, se necessário, proferir a homilia;
- fazer as exortações necessárias e enunciar as intenções da oração universal;
- ajudar na distribuição da eucaristia e na purificação dos vasos sagrados;
- substituir outros ministros, conforme a necessidade.

**Ritos iniciais**

Na procissão de entrada, conduzindo o Evangeliário, o diácono precede o presbítero, que preside ou caminha a seu lado, em direção ao altar. Omitindo a reverência, deposita o Evangeliário sobre o altar e, com o presbítero, venera-o com o beijo. Caso não porte o Evangeliário, com o presbítero faz profunda inclinação ao altar e o beija. Se houver incenso, assiste o presbítero na sua colocação no turíbulo e na incensação da cruz e do altar. Ao lado do presbítero, da cadeira, participa da celebração, servindo o presbítero, se necessário.

## Liturgia da Palavra

Na aclamação do Evangelho, caso seja usado o incenso, o diácono auxilia o presbítero no momento de colocá-lo no turíbulo. Em seguida, pede a bênção e faz a inclinação profunda ao altar, com os demais acólitos (turiferário, naveteiro e ceroferários); o diácono, com o Evangeliário, precedido dos acólitos, dirige-se ao ambão e, após traçar o sinal da cruz sobre o livro e sobre si, incensa-o. Terminada a proclamação, beija o livro e volta a seu lugar.

Seguem a homilia, a profissão de fé e a oração universal.

## Liturgia eucarística

Tendo o presbítero apresentado os dons ao Pai, caso seja usado o incenso, o diácono o auxilia, ajudando-o na incensação dos dons, do altar e da cruz. Também é ele – ou o próprio acólito – quem incensa o presbítero e, depois, os fiéis celebrantes.

Durante a liturgia eucarística, o diácono permanece, de pé, junto do presbítero, mas um pouco atrás, para cuidar do cálice ou do Missal, quando necessário. A partir da epiclese,[2] até a apresentação do cálice, o diácono, normalmente,

---

[2] É a invocação que se eleva a Deus para que envie o Espírito Santo e transforme as coisas ou as pessoas. Tem origem no grego *epi-kaleo* (chamar sobre); em latim, *in-vocare*. Na oração eucarística da missa há duas epicleses:
a) a que o presbítero pronuncia sobre os dons do pão e do vinho, com as mãos estendidas sobre eles, dizendo, por exemplo: "Santificai estes dons, derramando sobre eles o vosso Espírito, a fim de que se tornem, para nós, o Corpo e Sangue de Jesus Cristo, vosso Filho e Senhor Nosso" (Oração II) – epiclese consecratória;
b) a que o presbítero diz na mesma oração eucarística, depois do memorial e da oferenda, pedindo a Deus que de novo envie o seu Espírito, desta vez

ajoelha-se. Se houver mais de um, no momento da narrativa do memorial, um deles pode colocar incenso no turíbulo e incensar a hóstia e o cálice. Caso não haja, o próprio acólito faz a incensação.

Prossegue a liturgia, como de costume, conforme o que já foi afirmado anteriormente.

**Ritos finais**

Observar as recomendações já dadas. Para a bênção final, o diácono pode pedir que todos se inclinem para receber a bênção, e é ele também que faz o envio. Presbítero e diácono beijam o altar, faz-se a inclinação profunda e todos se dirigem à sacristia, na mesma ordem da entrada.

---

sobre a comunidade que vai participar da Eucaristia, para que também ela se transforme, ou se vá construindo na unidade: "E nós vos suplicamos que, participando do Corpo e Sangue de Cristo, sejamos reunidos pelo Espírito Santo num só corpo" (Oração II) – epiclese "de comunhão" (cf. ALDAZÁBAL, José. *Vocabulário básico de liturgia...*, p. 133-134).

# PALAVRAS FINAIS

O cerimoniário e o acólito fazem parte da equipe celebrativa da comunidade, e devem estar sempre presentes quando ela estiver reunida. Não constituem um grupo à parte, mas sim estão integrados na equipe litúrgica.

Assim como todos os outros que participam da equipe litúrgica, devem se preparar bem para servir da melhor forma possível e, ainda, participar dos encontros de espiritualidade e de formação. Dessa maneira, estarão em contínua iniciação aos mistérios de nossa fé.

Se derem um bom testemunho daquilo que celebram, atrairão outros adolescentes, jovens e adultos para também se integrarem no ministério litúrgico e, desta forma, a pastoral litúrgica poderá ser, para a comunidade eclesial, um celeiro vocacional.

Rua Dona Inácia Uchoa, 62
04110-020 – São Paulo – SP (Brasil)
Tel.: (11) 2125-3500
paulinas.com.br – editora@paulinas.com.br
Telemarketing e SAC: 0800-7010081